NOTICE

SUR L'ORIGINE, LES FÊTES

ET

L'INAUGURATION

DE LA CHAPELLE DE N. D. DE LOURDES

A VILLENOUR,

PAR LE RÉV. P. L. RENEVIER, MISS. APOST.

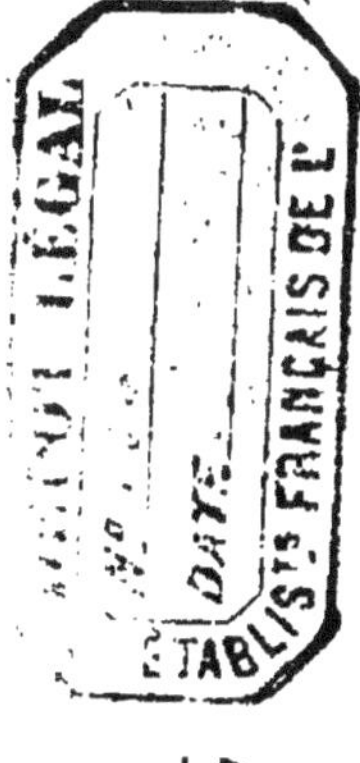

PONDICHÉRY.

IMPRIMERIE DE LA MISSION.

※

SUPERIORUM PERMISSU.

INTRODUCTION.

Le sanctuaire de Notre-Dame de Lourdes a été inauguré à Villenour les 7 et 8 Avril 1877. Le 13 du même mois, parut dans le *Moniteur* de Pondichéry une relation que j'avais dû écrire à la hâte ; par suite bien des détails y manquaient, et quelques uns n'étaient pas d'une rigoureuse exactitude. On comprend bien qu'un *reporter*, quels que soient son activité et son désir de ne rien omettre, ne saurait tout voir ni tout entendre par lui-même, et que ce n'est qu'à la longue qu'il peut recueillir les diverses particularités qui intéressent le public.

J'ai donc composé la présente Notice afin de satisfaire aux demandes et à la dévotion du grand nombre des chrétiens qui ont contribué, ou qui s'intéressent parti-culièrement, au pélerinage qui vient d'être établi à Villenour ; et avec l'espoir que ces lignes feront connaitre et aimer davantage notre bonne Mère du Ciel, et pour-ront contribuer à la gloire et au triomphe de l'Immaculée Conception.

Sanctuaire de Notre-Dame de Lourdes à Villenour, le 7 Mai 1877.

P. M. L. R.

NOTICE

SUR L'ORIGINE, LES FÊTES ET L'INAUGURATION

DE LA CHAPELLE DE N. D. DE LOURDES,

A VILLENOUR.

Dès 1867, la Mission de Pondichéry, désirant procurer un lieu de prières aux quelques chrétiens de Villenour, parvint à y acquérir un petit terrain. La bourgade compte 3,000 habitants payens; elle est célèbre par une grande pagode dédiée à la déesse Coquilamballe, et qui attire chaque année une foule d'idolâtres, d'étrangers et de curieux. Aussi, dès qu'il fut question de bâtir une chapelle catholique pour quelques familles seulement, dont les chefs, il est vrai, sont tous fonctionnaires du Gouvernement français, une opposition très-vive se manifesta dans la gentilité. Les chrétiens sont à peine un pour cent de la population. Par amour de la paix, la Mission ajourna ses désirs et ses projets de construction, d'autant plus volontiers que le manque de ressources lui créait une difficulté d'un autre genre.

Comment en effet, sur les instances et pour les besoins d'une quarantaine seulement de chrétiens, construire une chapelle en briques, lorsque, dans l'intérieur du Vicariat, des agglomérations de 800, quelquefois même de 1000 catholiques, n'ont pour l'excercice de leur culte que de pauvres et étroites chapelles en terre et en chaume?

Plus tard la Providence envoya aux missionnaires un
don considérable et inattendu; un père et une mère de
famille, aussi heureux qu'impatients de témoigner leur
reconnaissance à la Vierge Immaculée, prièrent le Pro-
cureur de la Mission de construire sans retard une
chapelle votive, pour laquelle ils versèrent la somme
de mille francs.

Telle est l'origine de la chapelle de N. D. de Lourdes
à Villenour, et voici l'heureux événement qui en fut la
cause. Mr. L....., pharmacien de 1re. classe de la
marine, Chevalier de la Légion d'honneur, savant distingué, dont le souvenir est encore vivace dans notre
Colonie de Pondichéry, voyait tristement s'éteindre, sous
ses yeux, l'unique enfant qu'il eût alors d'un second
mariage. Ses connaissances en médecine ne lui laissaient
plus le moindre espoir de conserver ce petit ange prêt à
s'envoler au ciel, et les docteurs avaient reconnu l'impuissance de la science à conserver une si chère
existence.

Mais Mme. L....., chrétienne aussi forte que pieuse,
bien convaincue que Dieu peut ramener à la vie ceux
qui ont déjà un pied dans la tombe, mit toute sa confiance en Marie, et l'invoqua sous son titre si cher et si
privilégié d'Immaculée Conception. Pour elle, comme
pour toute mère digne de ce nom, son enfant était son
plus riche joyau. Pour conserver sa bien-aimée Marthe,
elle fit vœu de construire une chapelle de la Ste. Vierge,
et d'y employer toute la somme qu'elle avait en réserve
pour acheter des objets de parure. Non seulement Mr L....
s'associa de tout cœur à ce vœu, mais il s'engagea pour
sa part à revenir à la pratique complète de la religion,

dès que sa fille serait guérie. A peine Mr et Mme. L....., mêlant leurs supplications à leurs sanglots, se sont-ils jetés à genoux près du berceau de leur fille expirante, que la rougeur revient sur ses joues décolorées, la respiration devient régulière.... Marthe était rendue à son père et à sa mère. Aussi est-il plus facile d'imaginer que d'exprimer, avec quel empressement et quels transports de joie ces heureux époux vinrent l'un et l'autre remplir leurs promesses.

A son tour, la Mission devait remplir l'engagement qu'elle venait de prendre d'élever une chapelle dédiée à la Vierge Immaculée. Les nombreux et éclatants miracles opérés à Lourdes émouvaient et émerveillaient, depuis plusieurs années, les cinq parties du monde. *« Allez, allez dire aux prêtres que je veux qu'on m'élève ici une chapelle*, avait dit et répété à la jeune Bernadette la Dame de la grotte. *« O ma Dame*, disait Bernadette en suppliant, *je vous en prie, veuillez avoir la bonté de me dire qui vous êtes et quel est votre nom ? — Je suis l'Immaculée Conception*, daigna répondre l'Apparition.

Cette même Immaculée, ou plutôt le désir de sa gloire, poussait aussi les missionnaires à lui élever une chapelle dans la colonie française et sur une terre payenne. L'érection, à Villenour, de la chapelle vouée par Mr. et Mme. L....., à Notre Dame de Lourdes, fut décidée. Mais on avait compté sans le chef des légions infernales, sans ce Lucifer qui, dans sa folie, osa s'égaler à Dieu, et qui emploie toute sa science et sa malice pour ravir au Très-Haut l'adoration qui n'est dûe qu'à Lui au ciel, sur la terre et dans les enfers. *Je placerai des inimitiés entre toi et la femme, entre ta postérité et la sienne*, avait dit le

Seigneur au serpent tentateur, *elle t'écrasera la tête, et tu tâcheras de la mordre par le talon.* Depuis lors cette prophétie s'accomplit; mais l'orgueil et la colère de Satan n'en sont pas diminués. Au contraire, à mesure que le culte de la Vierge-Mère se répand aux extrémités les plus reculées de la terre, à mesure aussi s'accroit la haine du serpent, dont elle broie la tête sous son pied invulnérable. On ne songeait pourtant qu'à élever la Mère de Jésus-Christ une modeste chapelle; mais elle sera tout près du temple de cet ange déchu; il prévoit que cette chapelle se transformera en église, que cette église deviendra un sanctuaire fameux, où les malades et les affligés accourront en foule: comment alors ne s'y opposerait-il pas de tout son pouvoir? Aussi dès qu'on voulut bâtir sur le terrain acquis par la Mission, et bien qu'elle en fut propriétaire en bonne et due forme, de nombreuses difficultés surgirent. On objectait mille et mille impossibilités aussi peu concluantes les unes que les autres. Cependant, pour éloigner tout prétexte à des conflits, la Mission se résigna à ne pas s'établir au centre de Villenour, à la condition toutefois que les opposants lui fourniraient un terrain convenable et suffisant pour y construire une église avec ses dépendances. La pagode possédant de nombreuses terres, qui lui assurent annuellement un revenu considérable, on insista pour en obtenir une, et après de longs pourparlers, le 23 Mars 1867, un contrat fut signé devant notaire. Cet acte est ainsi conçu:

« Meignana Mahamouni Desiyar Ayassamy modéliar,
« Tamaraparettiar, Tiroucamyrettiar et Tandavaraya-
« cavounder, administrateurs de la pagode de Villenour,
« dépendance de Pondichéry, agissant au nom de la
« déesse Istry Coquilambale femme du Dieu Tiroucamy

« Issouvar, ont vendu, cédé, quitté et transporté avec
« garanties de toutes et hypothèques, évictions, troubles
« et autres empêchements généralement quelconques, à
« Mr. Pierre Gouyon, Missionnaire apostolique, Procu-
« reur de la Mission malabare, établie à Pondichéry,
« deux parcelles de terre portant les numéros 3 et 4. »
Comme compensation, Coquilamballe, à laquelle est
dédiée la pagode de Villenour, reçut pour les deux parcelles concédées la somme de 200 Roupies, en bonnes
espèces métalliques comptées et délivrées devant le notaire et les témoins.

Un terrain sis au quartier de Canouvapettah restait
donc acquis et sans conteste. On se mit vite au travail;
mais les mille francs généreusement donnés par Mr.
et Mme. L....., furent bientôt épuisés, et la chapelle resta
ainsi inachevée.

Après plusieurs années d'attente, des personnes aussi
généreuses que dévotes à N. D. de Lourdes, s'en ému-
rent et vinrent d'elles-mêmes apporter leurs offrandes
pour que l'édifice fut terminé. Grâce à ces aumônes,
on est parvenu à construire une église en croix,
surmontée d'un dôme, et qui coûte déjà plus de 6,000
francs. Elle est loin cependant d'être complète, car les
murs sont simplement blanchis à la chaux; faute de vi-
traux, les fenêtres du dôme sont masquées par des briques; la flèche élancée, qui doit être construite sur la
façade, n'est pas encore commencée; les cloches futures
sont remplacées par un petit timbre en cuivre; en un
mot, il reste à compléter et crépir l'extérieur, à meubler
et orner l'intérieur.

Non seulement le défaut d'argent, mais encore le manque de temps, n'ont pas permis de faire, avant l'inauguration, tout ce qui était projeté. Une dame, dont les lar-
gesses sont bien connues des malheureux, se hâta de faire
venir de France une des plus grandes et plus belles sta-
tues de N. D. de Lourdes, quel que pût en être le prix.
Elle fit bien de se hâter, car, après elle, plusieurs autres
personnes vinrent solliciter l'honneur de fournir la statue qui ornerait la chapelle de Villenour. La statue, de
grandeur naturelle, arrivait à Pondichéry, que les voû-
tes de l'église étaient à peine terminées. Mais dans quel
état serait cette statue, puisque la caisse, qui la renfer-
mait, avait fait trois fois des chûtes à la mettre en pièces?
Cette caisse énorme fut d'abord précipitée du *steamer*
dans la chelingue; de la barque, elle fut lancée sur le
rivage; et enfin, dans la cour de la Mission, la charrette
s'étant brusquement renversée, la caisse fit un tour
sur elle-même en tombant à terre. Grand donc fut
l'empressement à l'ouvrir, et plus grande encore
l'appréhension de trouver, en place de la statue tant
recommandée, d'informes débris. Mais Marie avait sû si
bien préserver son image de la malice de son ennemi,
que la statue restait intacte et belle à ravir. En atten-
dant le jour solennel de l'inauguration, elle fut déposée
dans une des chambres de la Mission. A peine y fut elle
devinée, que grand nombre de chrétiens s'empressèrent
de venir l'admirer et prier devant elle; la curiosité ame-
na bientôt les payens; et le nombre des visiteurs alla
chaque jour en grossissant, à tel point que les prêtres de
la Mission étaient sérieusement incommodés par ce va-et-
vient perpétuel. Il fallait donc se hâter de transporter

à l'endroit qui l'attendait, la statue qui mettait tant de monde en mouvement; les chrétiens de Pondichéry demandèrent qu'elle fût placée dans l'église de la Mission, s'offrant à en acheter une autre pour Villenour. La proposition n'étant pas acceptée, ils insistèrent pour que la grotte et la niche en rocailles fussent terminées au plus tôt, et ils donnèrent encore de l'argent pour qu'on mit la dernière main à la chapelle. Le travail fut poussé avec vigueur; et, dans l'intervalle, le concours des pélerins continuait: chrétiens, protestants, musulmans, payens, dévots ou simples curieux, chacun accourait, chacun montrait des signes de dévotion ou de respect. Personne en effet, même parmi les indifférents ou les incrédules, ne pouvait considérer les traits célestes de cette statue, sans sentir son cœur ému et ébranlé. *Si l'image est tellement ravissante*, disaient les uns, *que doit être au ciel la réalité ? Bonne Dame*, s'écriait un aveugle perdu dans la foule, *rendez-moi la vue un instant, pour que j'aie le bonheur de voir une seule fois votre visage.*

Alors un fait extraordinaire, que l'admiration publique qualifie de miraculeux, mais auquel toutefois nous n'oserions donner ce nom, puisque l'autorité ecclésiastique n'a rien défini à ce sujet, et qu'à elle seule il appartient de prononcer en pareilles matières; un fait extraordinaire, disons-nous, donna subitement à la dévotion à N. D. de Lourdes un accroissement prodigieux. Un chrétien, Tamboussamy Moudéliar de Combacônum, venait d'être guéri radicalement, après avoir employé l'eau de Lourdes comme unique remède. Venu pour affaires à Pondichéry, où se trouve une partie de sa parenté, il consulta un docteur au sujet d'un globule charnu dont il souffrait à l'œil gauche. Cette excroissance était de la grosseur d'une noisette, et augmentait chaque jour, repoussant de plus en plus l'œil hors de son orbite. Le docteur déclara qu'une opération délicate était nécessaire, et qu'il fallait s'adresser à un oculiste de Madras. Avant de courir les chances d'une opération, et d'après les conseils d'une religieuse, Tamboussamy eut recours à l'eau de la fontaine de la grotte de Lourdes. Chaque jour, il baignait dans cette eau son œil malade; le globule charnu se ramollissait et diminuait progressivement. Tambousamy tout joyeux faisait constater à ses nombreux parents, amis et visiteurs, la guérison qui s'opérait visiblement. Enfin il ne restait presque plus aucune trace de l'excroissance globuleuse, lorsque Tambousamy, après avoir fait le bain, ressentit une douleur vive à l'œil gauche. Aussitôt il y porta la main. Hélas! Le globule charnu avait reparu, aussi gros et aussi dur qu'au début de la maladie. Confondu, il se jeta aux pieds d'une petite statue de N. D. de Lourdes qu'il avait dans sa chambre, en disant: « Sainte Vierge, me voici donc infirme comme auparavant! Qu'adviendra-t-il, si je reste ainsi ? Votre gloire n'est-elle pas intéressée à ma guérison ? j'ai fait un vœu, et vous m'aviez guéri; dans ma joyeuse reconnaissance, j'ai publié partout vos bienfaits à mon égard; j'ai fait voir et toucher à tant de payens mon œil guéri; ils vont objecter que vous n'avez pas eu le pouvoir de me guérir réellement, ils tourneront votre culte et votre puissance en dérision... Sainte Vierge, bonne Dame de Lourdes, prenez vous-même vos intérêts et votre défense » . Puis, ayant ressenti encore une douleur à l'œil malade, il y porta la main, et poussa un cri de bonheur. Le globule charnu avait disparu de nouveau sans laisser la moindre trace. Toute la famille avait vu la réapparition du globule; toute entière aussi elle accourut au cri de guérison et fut grandement impressionnée par une forte odeur de parfums suaves et pénétrants, là où il n'y avait qu'une seule rose desséchée depuis 2 jours. Chose non moins surprenante, Tambousamy ne sentait pas lui-même ces parfums odorants. Depuis ce jour, c'est-à-dire depuis plus de deux mois, la guérison se maintient et tout fait penser qu'elle est parfaite.

On raconte un très-grand nombre d'autres guérisons surprenantes, et de grâces obtenues par l'entremise de N. D. de Lourdes: deux chrétiens disent avoir été guéris de l'anthrax, l'un au cou, l'autre au dos. M. Appassamy-naïker, le dernier, pour témoigner publiquement sa reconnaissance, a voulu qu'une cloche portant son nom et celui de sa bienfaitrice fût placée à l'église de Villenour. Un payen, qui redemandait sans cesse du *mâdâ tirtam* (c'est ainsi qu'ils désignent l'eau de la grotte de Lourdes), fit remarquer qu'il avait déjà obtenu trois faveurs, et qu'il voulait en obtenir une quatrième. Les payens parlent avec enthousiasme de guérisons qu'ils auraient obtenues par centaines; mais il est bien difficile de s'assurer de la vérité de ces récits. Quoi qu'il en soit, il est certain que la dévotion à N. D. de Lourdes vient de prendre un accroissement bien consolant et extraordinaire, non seulement dans la ville de Pondichéry, mais bien loin aux environs.

Pour satisfaire la grande dévotion des fidèles, il fut décidé que la statue miraculeuse serait exposée, pendant trois jours consécutifs, à l'église des Missions Étrangères.

Le mercredi soir, 4 Avril, la statue fut bénite solennellement par le Vicaire apostolique de Pondichéry, Mgr. F. Laouënan, au milieu d'un recueillement qui frappa toute l'assistance, puis portée processionnellement à travers les rues de la ville indigène. Un chrétien, R. Tambiagnypoullé, voulut faire à lui seul tous les frais de cette procession aux flambeaux, et certes il n'épargna rien, car les guirlandes de fleurs naturelles qui ornaient le char de la statue ne coûtaient pas moins de 60 roupies, soit 125 francs. Pendant le parcours, des masses compactes arrêtèrent fréquemment le char, afin de rassasier leurs yeux à considérer la Madone *qui donne la vue aux aveugles.* A la rentrée de la procession, la statue ornée de sa riche couronne de douze étoiles, fut placée, dans le chœur de l'église, sous une magnifique chapelle gothique, dont l'idée et le plan sont l'œuvre d'un prêtre indigène.

Ce Triduum de prières a été suivi, à la Mission, avec une affluence et un empressement qu'on n'avait jamais vus même pour les fêtes les plus courues et les plus solennelles. Les foules étaient non seulement remuées, mais entraînées par l'attrait doux et puissant de cette même Vierge qui apparaissait à Lourdes en 1858, et daignait se nommer *l'Immaculée Conception.* Pendant ces trois jours de supplications, l'église ne désemplissait pas de pélerins, parmi lesquels un nombre considérable de gentils. Un Missionnaire improvisa pour la circonstance un cantique français, dont la musique fut composée par le P. Seegmuller, et qui s'est vite répandu parmi les fidéles, car l'air en est aussi pieux qu'entrainant. Les couplets, avec le refrain emprunté à un cantique de pélerinage, se trouvent à la fin de cette notice.

Le samedi, 7 Avril, à 5 h. 1/2 du soir, après le salut du SS. Sacrement, et le chant du cantique français, la statue fut placée sur un char d'un genre tout-à-fait nouveau dans l'Inde, mais d'un style très-régulier, représentant une chapelle gothique, mesurant plus de 7 mètres de hauteur, et d'une ornementation riche et éclatante. Huit anges ornaient la base des clochetons, à la naissance de la flèche, et chaque ange tenait en main une banderolle, avec une inscription en langue différente. Huit langues sont donc venues saluer N. D. de Lourdes, et lui répéter, après l'archange Gabriel : Ave Maria.

La musique militaire, mise gracieusement à la disposition du pélerinage par le commandant Cornu, donne le signal de la marche et se mêt en tête de la procession; de nombreux canons ébranlent l'air, de gracieuses bannières flottent au vent, des enfants de chœur portent des lis et des bouquets de fleurs autour de la statue, qu'un dernier rayon du soleil couchant vient illuminer comme par enchantement. Tous les élèves du grand et du petit séminaire, au nombre de 460, et une vingtaine de prêtres, tant Européens qu'indigénes, viennent ensuite. Une foule compacte, mais recueillie, comprenant la grande majorité des Européens, créoles et indigènes de la ville et des environs, suit le cortége, ou se masse sur le parcours de la procession. Beaucoup de pélerins sentirent un serrement de cœur, à la pensée que cette ravissante statue quittait à jamais leur ville, où il y a plus de 10,000 chrétiens, pour aller prendre possession de son nouveau sanctuaire à Villenour, qui ne compte guère que des idolâtres.

De la Mission à la place d'Odiansâlé, le char de N. D. de Lourdes s'arrêta sous cinq reposoirs diversement décorés, et où des poètes indiens chantèrent, en leur langue, les louanges de Marie Immaculée. Fendant les rangs pressés du cortége, un jeune et riche chrétien de Pondichéry, Savérimouttouraya-moudéliar, vint passer au cou de la Vierge un magnifique collier de perles. Tamboussamy-moudéliar, le chrétien dont nous avons raconté la guérison, avait fait monter en or le chapelet suspendu au bras de N. D. de Lourdes.

D'Odiansâlé à Villenour, la distance est de 5 milles anglais ; nous rencontrons sur ce parcours 7 autres reposoirs (appelés *pandels* dans ce pays), sans parler des arcs de triomphe élevés de distance en distance. Arrivée en face de Nellitope, la procession fit un détour et traversa deux rues de ce village tout chrétien; peu après elle arriva au coin de la campagne Le Peltier sous un immense reposoir de verdure, brillamment éclairé par des transparents emblématiques et par plus de 300 lanternes vénitiennes. Plus loin, le cortége traversa le village chrétien d'Oulgaret, et la statue fut déposée sous un frais *pandel* placé devant l'église. Après les chants d'usage, la procession rompit ses rangs et suivit lentement la route aboutissant au *nouveau chemin de la Ste. Vierge*. Il était dix heures du soir; mais les bougies, les flambeaux, les torches, les fusées et autres feux d'artifices traçaient partout des sillons lumineux, et parfois même éblouissaient les courageux pélerins. Le trajet étant très long, et la chaleur intense, quoiqu'en pleine nuit, des personnes charitables eurent la louable idée de faire suivre la procession par des barriques pleines d'eau, qui furent d'un grand soulagement aux piétons altérés.

Tous les villages, que la procession avait déjà parcourus ou qu'elle devait traverser encore, étaient illuminés; les rues étaient tapissées de joncs, et des colonnes de verdure suppléaient aux arbres là où ceux-ci manquaient. A la douane d'*Aroumâtapoullé savady*, un *pandel* avait été élevé par le concours des chrétiens et des payens.

On allait entrer bientôt dans le *chemin de la Ste. Vierge*, ainsi nommé parce qu'il fut spécialement réparé pour fournir au pèlerinage un passage commode et incontesté. Ce chemin, en très-mauvais état, fut réparé comme par enchantement sur une longueur de plus de 2 kilomètres; en quelques jours il fut déblayé et nivelé; un pont provisoire, jeté sur un ravin, permit la circulation des voitures; un millier de tamariniers, de cocotiers, et d'autres arbres durent perdre ou relever leurs bras gigantesques, pour laisser libre passage à la chapelle élancée dans laquelle serait portée triomphalement N. D. de Lourdes. Naturellement la procession aurait dû suivre la grande route longeant la fameuse pagode de Villenour; le *tambirán* lui-même, afin de rendre plus éclatante la réception de la Reine des cieux, avait offert les étendards, parasols, et autres ornements de ce temple, dont il est le grand *gourou*. Mais une manifestation en sens contraire s'agita dans l'ombre, et éclata à un moment où il n'était plus possible de retarder l'inauguration, dont le jour était au loin connu d'avance, et impatiemment attendu par plus de 15,000 chrétiens. Les vrais serviteurs de Marie, quoique contrariés dans leurs plans, se

souvinrent qu'Elle avait dû fuir en Egypte, par des che-
mins inconnus, avec son Divin Enfant et St. Joseph; ils se
résignèrent eux aussi à suivre une voie peu fréquentée,
mais qui du moins n'était pas souillée par la présence
des temples d'idoles et les emblêmes du culte idolatrique.
Du reste, ce chemin abrège considérablement la distance
entre Villenour et Pondichéry, et les villages environ-
nants. Aussi ce changement d'itinéraire, loin de nuire à
la manifestation en l'honneur de N. D. de Villenour, en
fit un vrai triomphe. Des masses de spectateurs atten-
daient avec anxiété son apparition au milieu de la
gracieuse chapelle gothique, dont les décors en clin-
quant resplendissaient par intervalles comme une
rivière de diamants, à la lumière des torches, des feux
de Bengale, des chandelles romaines, et des gerbes de
feu.

A l'extrémité sud du chemin de la Vierge, là où il
reprend la direction de Canouvapettah, se trouvait un
pandel d'honneur dressé par les soins du *maniakären*,
ou maire d'Odiampettou. Minuit venait de sonner. Un
spectacle aussi rare que consolant était réservé aux
pélerins. Précédée par des flambeaux, et au son
retentissant des trompettes et des tambours, une
députation des payens notables du village, au nombre
de 150 environ, venait à la rencontre de leur nouvelle
Avocate du ciel. La procession s'arrêta. A l'exemple des
rois Mages, prémices de la Gentilité, venus de si loin
pour adorer l'Enfant-Jésus, ces gentils s'avancent pour
souhaiter la bien venue à N. D. de Lourdes, et la saluant
comme leur Reine, ils lui présentent, sur un plateau, des
pièces d'or, de l'encens, et de la myrrhe. Daigne l'Imma-

culée Mère de Jésus, qui éclaira et s'attacha les Mages, leur donner bientôt, en retour de ces offrandes, l'or pur de la charité, le parfum de la vraie prière, et la gloire au sortir du tombeau !

Enfin la tête du cortège arrive aux premières maisons de Canouvapettah. Cinq prêtres, partis dès la veille pour les préparatifs de la fête, vinrent se réunir à ceux qui avaient dirigé la procession depuis sa sortie de l'église de la Mission à Pondichéry; la Madone fut encensée sous un reposoir, un riche payen lui offrit tout un faisceau de bougies enflammées, et les pélerins, quoique fatigués par une marche de 8 à 9 kilomètres, tenant fièrement leurs rangs, parcoururent lentement, et aux chants des cantiques, les rues contournant l'église. N. D. de Lourdes entrait en souveraine à Villenour; dans les rues s'alignaient des rangées de lampions et de torches ardentes, les lampes scintillaient devant les habitations, des maisons avaient été rajeunies par une couche de chaux, et la foule qui était accourue de villages très-distants prenait joyeusement part à la cérémonie de réception.

Voici donc les pélerins arrivés, couverts de poussière, mais l'âme contente, à la petite église, dont le dôme illuminé leur montre, en feux changeants, le chapelet de la Vierge de Lourdes, et dont l'intérieur est enguirlandé et éclairé. Les RR. PP. Gouyon et Davidnader tinrent à placer eux seuls, dans la niche de rocailles qui domine l'autel, la statue de N. D. de Lourdes de Villenour. L'installation fut heureusement terminée en quelques minutes. La statue, de grandeur plus que naturelle, prenait possession de son sanctuaire de Villenour, au milieu de la gentilité. Il y eût alors un cri d'enthousias-me en l'honneur de N. D. de Lourdes, apparaissant toute radieuse sur son trône de miséricorde. Aussitôt la musi-que des cipayes enleva un des morceaux les plus entraî-nants de son répertoire, après lequel le Rev. P. Seeg-muller entonna, de sa voix puissante et harmonieuse, le cantique composé pour le pélerinage, et l'accompagna sur l'orgue.

Il est près de deux heures du matin. Au milieu d'un calme et d'un silence très-religieux, si l'on tient compte de la foule pressée qui a envahi et entouré la chapelle, le Rev. P. Gouyon commence la première messe à l'au-tel que domine la statue vénérée. Il avait bien mérité cet honneur, car s'il avait eu la peine de diriger presque tous les travaux de l'église, il avait dû travailler aussi beaucoup pour imiter, au fond du chœur, la grotte de Lourdes, avec la niche de l'apparition. Le rosier qui encadrait à Lourdes la Dame des apparitions, durant ses communications avec Bernadette, n'avait pas même était oublié; il nous était arrivé la veille même de Tri-chinopoly, distant de 140 milles, où il avait été confec-tionné par les religieuses de Marie Réparatrice, ainsi que quatre bouquets de lis magnifiques.

Après cette première messe célébrée dans la chapel-le, que Mgr. Laouënan allait bénir le jour même, d'autres prêtres offrirent le saint sacrifice jusqu'à 7 heures du matin. A ce moment, des exclamations joyeu-ses et répétées se produisent dans la multitude qui se précipitait à la rencontre de Mgr. l'évêque de Flavio-polis, Vicaire Apostolique de Pondichéry. Ce n'est pas une exagération de dire que les flots humains qui par-

couraient Villenour en diverses directions, atteignaient
le chiffre de 20,000 personnes; les payens se mêlaient
d'autant plus volontiers à la chrétienté, qu'ils étaient
venus eux-mêmes jusqu'à Pondichéry prier Mgr. de
faire à leur bourg l'honneur de sa visite. Aussi jonchè-
rent-ils de fleurs le *pandel* de réception. Sa Grandeur,
revêtue du rochet, de l'étole et de la chape, portant la
mitre et la crosse, s'étant assise, le Thasildar de la loca-
lité, Ponnoussamy-poullé, lut l'adresse suivante:

« Monseigneur, ce village fondé par l'un des anciens
Gouverneurs de l'Inde française, était destiné à devenir,
depuis ce jour, un lieu remarquable. L'installation de la
statue de Notre-Dame de Lourdes dans cette chapelle
assurera le bonheur des habitants, qui se pressent autour
de ce sanctuaire. Leur bon esprit, dont nous avons eu
encore hier une preuve frappante, est le garant des
bénédictions que la bonne Vierge répandra sur tous.
Votre entrée, Monseigneur, dans ce lieu qui se sancti-
fiera dans l'avenir, sera marquée par la persévérance de
cette population dans la voie de la justice.

« Soyez donc, Monseigneur, le bienvenu dans ce
village, qui va se transformer en lieu de pélerinage, et
veuillez l'inaugurer par vos bénédictions. »

A son tour Mr. Sicé, commissaire de police, s'ex-
prima ainsi:

« Monseigneur, il est enfin arrivé ce jour si longtemps
désiré ! C'est avec un bonheur indicible que nous vous
voyons aujourd'hui dans ce District, où vous venez bénir
cette chapelle nouvelle que vous avez tant désiré voir
achevée. Vous résumez en votre cœur, Monseigneur, le

wœu de toute la population. Vous venez pour défricher
cette pauvre vigne sauvage, plantée aussi par notre
divin Maître et arrosée par son sang précieux; vous avez
la conviction forte qu'elle portera de très-beaux fruits.
Vous connaissez les peines et les embarras que vous
aurez à vaincre; mais vous êtes de cette race d'hommes
que rien ne lasse, que rien ne rebute. Vous n'avez qu'un
but, la gloire de Dieu; vous n'avez qu'une joie, le triomphe de Marie. Vous la voyez, elle est là devant vous:
ses pieds sont sur les épines, mais des roses y étalent à
l'envi leurs plus belles couleurs.

« Déjà la victoire vous est assurée. Satan tremble
devant son implacable ennemie; il est anéanti de la foi
et du courage de ce nouveau David marchant avec confiance pour abattre l'insolent Goliath. Marchez, Monseigneur, tout se courbe devant le signe du salut qui
vous guide, rien ne peut plus arrêter vos pas. Après les
peines, viendra la joie; après le travail, la récolte. Voyez
tout ce bon peuple accouru pour vous recevoir; il n'a
comme vous, qu'un vœu, le bien; qu'un désir, la lumière. C'est un peuple nouveau que vous avez à bénir
aujourd'hui. Bénissez-le, Monseigneur, bénissez nous
aussi, et que cette bénédiction, qui est le gage de la paix
et de l'union, nous réunisse tous, pour qu'il n'y ait plus
qu'un seul Pasteur et qu'un seul troupeau».

Mgr. Laouenan, s'étant levé, répondit avec une grande onction, « qu'il était vraiment enchanté et confus
« tout à la fois de voir une telle multitude et un si
« joyeux empressement à le recevoir; qu'il était tout
« particulièrement heureux de voir que les payens, unis

« à ses chrétiens, comprenaient qu'il venait les visiter
« avec des intentions paternelles; qu'il leur donnait
« indistinctivement à tous, et du fond du cœur, sa béné-
« diction, souhaitant qu'elle leur devint une source de
« paix et de prospérité ici-bas, et un acheminement à
« des grâces spirituelles qui leur obtinssent la gloire des
« élus dans la céleste Jérusalem».

Après cela, le cortège se mit en marche, Sa Grandeur se
prêtant de bonne grâce, pour satisfaire la population
enthousiaste, à suivre le long parcours des rues de Canouvapettah, rues parcourues déjà par la procession de
nuit, et ornées de guirlandes, d'arcs de triomphe, et des
emblêmes en usage dans l'Inde. Deux jeunes payens
précédaient Monseigneur et couvraient de fleurs le sol
qu'il allait fouler, pendant que Sa Grandeur, revêtue
pontificalement et la crosse en main, se dirigeait lentement vers la chapelle, bénissant les groupes qui se
massaient sur son passage.

A peine entré dans l'église, Mgr. en fit la bénédiction
d'après le Rituel, puis célébra une messe basse, pendant
laquelle les chants liturgiques alternèrent avec des morceaux d'orgue. A l'issue de la messe, le cantique de N.D.
de Villenour fut chanté en entier et avec entrain, comme
prélude à la prédication annoncée. Dans un sermon très
éloquent, le Rév. P. Prieur, supérieur du Grand Séminaire, fit l'historique de l'apparition de N.D. de Lourdes,
raconta plusieurs des miracles si bien narrés par Henri
Lasserre, miracles si propres à exciter et à affermir la
confiance en l'Immaculée Mère de Dieu, et termina par
une chaleureuse invocation à N. D., la priant de proté-

ger tendrement Villenour et la colonie française, comme elle répand ses bienfaits à Lourdes sur la France tout entière.

Le soir, après la bénédiction solennelle du SS. Sacrement, le cantique du pélerinage fut chanté comme un dernier adieu à N. D. de Lourdes de Villenour, dont les pélerins allaient se séparer. Mais, au moment de la quitter, combien lui promirent de revenir souvent à son sanctuaire, où elle aura toujours pour les recevoir un cœur de mère, et des trésors de bonté et de miséricorde !

Après la cérémonie du soir, et le départ de la plupart des prêtres qui étaient venus à l'inauguration du sanctuaire, les principaux habitants payens vinrent remercier Mgr. Laouënan de l'honorable visite qu'il avait daigné leur faire. Cette démarche, toute spontanée de leur part, est l'indice que la population payenne, loin d'être hostile au catholicisme et aux missionnaires qui l'enseignent, est heureuse de les voir s'établir au milieu d'elle. D'après des préjugés invétérés dans le sud de l'Inde, les chrétiens sont, aux yeux des payens, ce que les Juifs étaient à l'égard des Samaritains. C'est donc une chose aussi admirable que surprenante, que ces payens de Villenour, qu'on disait être si hostiles, aient gracieusement offert aux chrétiens, venus pour la cérémonie, l'hospitalité dans leurs propres maisons. Bien plus, à l'entrée de leurs habitations, se trouvaient à la disposition du public indistinctement des vases pleins d'eau, chose rare et précieuse après une sécheresse qui nous désole depuis 18 mois et rend plus meurtrière la continuité de la famine. Puisse, en échange de son empressement, de ses dépenses, et de son hospitalité bienveillante à l'occasion de la fête si extraordinaire qui vient de se terminer, puisse cette bonne population de Canouvapettah sentir bientôt la douce influence de la religion, et goûter combien sont enviables et précieuses les promesses qu'elle apporte et pour le temps présent et pour la vie future !

Quelques lecteurs reprocheront peut-être à la notice qui précède d'être entrée dans des détails aussi longs que minutieux. Mais il s'agissait de montrer manifestement que *le grain de senevé est devenu un grand arbre.* Tout semble présager que les oiseaux du ciel viendront s'y reposer et y construire leurs nids, c'est-à-dire que des créatures humaines, faites à l'image de Dieu, qui les protége avec plus de tendresse que les fleurs de la terre et les habitants ailés de l'air, viendront se reposer à l'ombre du nouveau sanctuaire de Villenour et y trouveront, au jour choisi par N. D. de Lourdes, la paix et le bonheur que le monde et le paganisme ne sauraient donner.

Tous les chrétiens ont rivalisé de zèle et d'ardeur pour surpasser, dans cette procession triomphale de Pondichéry à Villenour, ce qu'on avait vu et fait de plus beau jusqu'ici. De mémoire d'homme, on n'avait rien vu d'aussi splendide et majestueux; aussi les cérémonies grandioses qui ont précédé et clos ce pélerinage sont le sujet habituel des conversations bien loin à la ronde. Pour donner une juste idée des sentiments de piété et de désintéressement qui animaient chacun, il me suffira de dire que près de 1,800 roupies (4,500 francs) ont été dépensées pour les apprêts de cette solennité, et que, durant la dernière procession, 2000 fusées ont ont été lancées dans les airs, en outre des chandelles romaines et des gerbes ou pluies de feu qui se comptaient par centaines.

Qui donc aurait pu prévoir, en 1867, alors que tant de difficultés surgissaient, l'une après l'autre, à l'établissement d'une maison de prières à Villenour, que cette chapelle deviendrait un lieu de pèlerinage très-fréquenté, et que les payens eux-mêmes le désireraient et y travailleraient de tout leur pouvoir, et même de leur argent ? Tout cela cependant est un fait accompli; les pèlerins affluent chaque jour à cette église qu'on vient à peine de consacrer au culte; plusieurs d'entre eux ont la dévotion de s'y rendre à pied, de distances parfois considérables.

Le petit séminaire de Pondichéry, a commencé la série des pélerinages, le 1ᵉʳ Mai. Dès 6 heures dn matin, les élèves arrivaient au nombre de 200, tant externes qu'internes, sous la conduite de leurs professeurs ecclésiastiques; une vingtaine de leurs condisciples payens (le séminaire-collége en compte une centaine) avaient sollicité et obtenu la faveur de faire partie de la pieuse expédition. A un demi mille en deçà de Villenour, les rangs se formèrent; le Supérieur du petit-séminaire prit la chape et s'avança derrière les acolytes et le porte croix, et ces 200 voix enfantines chantèrent en deux chœurs des hymnes et des cantiques jusqu'à leur entrée dans le sanctuaire. Les tambours, qui ouvraient la marche, attirèrent vite l'attention des curieux, qui suivirent le cortége avec l'espoir de jouir du spectacle d'une solennité catholique. Une messe de communion fut dite tout d'abord, et environ 130 élèves s'approchèrent de la sainte table; pendant la messe d'actions de grâces, divers morceaux de chant et de musique furent exécutés avec accompagnement de concertina, violons et autres instruments à cordes. Les payens, en dedans et en dehors de l'église, ne troublèrent pas le service qui les captivait puissamment, et tombèrent dans le ravissement quand vint l'exécution d'un chant tamoul, leur langue maternelle, avec l'accompagnement de tous les instruments de notre société philharmonique. A 9 heures, grand'messe avec diacre et sous-diacre, puis un sermon du Père Annaaloysius, professeur du séminaire, et bénédiction du SS.Sacrement. Chacun passa la journée agréablement, quoique le logement fut très-restreint; les conversations, les amusements,empreints d'une continuelle gaité, prouvaient combien le Seigneur est doux à ceux qui l'aiment et combien la joie est agréable, quand on se réjouit en Lui,et sous le regard maternel de Marie. Aussi les élèves s'étaient-ils organisés entre eux de telle façon que, depuis le moment de leur arrivée jusqu'au départ,la garde d'honneur auprès de la Ste. Vierge ne fut pas interrompue un seul instant. Deux bons repas furent servis à la caravane,répartie en groupes de 80 élèves;après la course fatiguante du matin, l'appétit ne manquait à aucun. Tout naturellement il y avait plus que la pitance journalière du séminaire; aussi resta-t-il de quoi rassasier une quarantaine de pauvres, qui s'inquiétèrent peu des préjugés de caste et de religion, et bénirent N. D. de Villenour de l'excellente aubaine qu'elle leur procurait.

Les Vêpres furent chantées vers le soir, avec accompagnement de musique, et terminées par un salut solennel. L'heure s'avançant, il fallait reprendre à pied la direction de la ville; le cantique d'adieu fut chanté aux pieds de la Vierge, et les pèlerins se remirent en marche,en récitant le Rosaire. Un trajet de 9 kilomètres, parcourus déjà de grand matin, n'effrayait personne, pas même les plus petits. Ils venaient de passer auprès de Notre Dame, la Reine du clergé, le premier jour du beau mois de Marie; ils s'étaient nourris du pain des anges, et la fatigue ne pèse pas aux cœurs contents. Comme souvenir de leur pélerinage, ils laissèrent à la chapelle, encore si peu meublée,divers objets servant au culte, et, pour l'autel de N. D. de Lourdes, un riche antipendium brodé d'argent.

Mais voici que les aînés suivent de près, et avec plus d'appareil encore que nos jeunes pélerins. Le samedi, 5 Mai, à 8 heures du soir, de fortes détonations de mortiers annoncent qu'un pélerinage se met en procession à plus d'un mille de Villenour, et déjà l'on aperçoit les sillons lumineux des torches éclairant la petite caravane. Cette fois elle n'atteint pas le chiffre des séminaristes et collégiens, mais c'est une troupe d'élite; ce sont les 5? membres du Cercle Catholique de Pondichéry,et la *Société philharmonique,*qui s'y rattache par certains côtés. Il y a 3 ans à peine que ce Cercle catholique a été fondé par le Rev. P. Henry, le zélé et infatigable Supérieur du séminaire-collège. Aussi se compose-t-il en grande majorité des élèves sortis de cet établissement de plus en plus prospère, et qui compte 450 externes ou internes.

Pendant que cette petite procession s'avance en bon ordre, et au chant des cantiques, une belle illumination se prépare dans l'église, décorée avec le plus grand soin,

On y admire surtout un lustre étincelant qui vient d'être suspendu devant la statue de N. D. de Lourdes, dont ces jeunes gens viennent solliciter la protection, afin de se conserver chrétiens fervents au milieu des séductions du monde. Quoique plusieurs membres de ce Cercle occupent déjà un rang distingué parmi leurs concitoyens, ce lustre en cristal était un cadeau trop princier pour leur fortune. Mais la dame, à qui il appartenait, ayant appris l'usage qu'ils en voulaient faire, le céda gracieusement pour une somme relativement modique.

Voici que la procession entre dans le village au son des trompettes et des tambours; la foule grossit vite le cortége qui continue ses hymnes et ses chants. Un grand étendard représentant l'Immaculée-Conception se déploie au milieu des rangs. Pendant le trajet, la Société philharmonique exécute des morceaux qui sont écoutés avec grande attention ; dans l'église, toute resplendissante de lumières, un chœur choisi, accompagné par l'harmonium et les instruments de musique, entonne le *Sub tuum*, dont le refrain est repris par ces 50 voix mâles et bien exercées. La cérémonie se termine, au milieu des détonations des mortiers, par la bénédiction donnée avec la statue de la Ste. Vierge.

Le lendemain, qui était un Dimanche, plus de 1,500 chrétiens s'étaient empressés de venir participer à la fête religieuse. L'église, qui ne pouvait contenir la foule pendant la première messe, était encore comble pour la messe solennelle. Elle fut chantée par le Rev. P. Beauté, directeur du Cercle catholique, assisté d'un diacre et d'un sous-diacre; il y eut exposition, et à la fin bénédiction du SS. Sacrement. Les vépres, non moins solen-

nelles, furent suivies du chant du cantique du pèlerinage. Ce jour laissera de profonds et doux souvenirs,
non seulement chez les jeunes chrétiens qui organisè-
rent cette manifestation, mais encore chez ceux qui en
furent les heureux témoins. La date, du reste, avait été
bien choisie: c'était la fête de Saint Jean devant la Porte
Latine, de ce St. Jean disciple de prédilection de Jésus,
qui lui légua, au pied de la croix, sa Mère bien aimée.
Le Cercle Catholique ne pouvait donc mieux se recommander à la protection de Marie Immaculée, qu'en
s'adressant à l'apôtre toujours vierge.

Ces édifiants pèlerinages, que le Cercle Catholique et
le Séminaire-Collége viennent d'inaugurer avec tant de
pompe, ne doivent pas me laisser passer sous silence les
pèlerinages par familles ou par individus qui se renou-
vellent deux fois quotidiennement depuis le 8 Avril, jour
de l'inauguration et de la bénédiction de la chapelle.
Le Dimanche suivant, 15 Avril, plus de 800 fidèles
s'entassaient au dedans et au dehors de l'église ; près de
300 d'entre eux, étaient arrivés dès la veille au soir,
des diverses chrétientés du voisinage, et, faute d'abri,
avaient dû coucher en plein air; chaque Dimanche, au
moins 500 pèlerins viennent assister à la messe dans
cette église, qu'on croyait ne voir jamais remplie, et qui
est déjà de beaucoup insuffisante. Les Européens ne
mettent pas moins d'ardeur que les Indigènes à venir
solliciter la protection de Marie Immaculée, à brûler des
cierges devant son image, à lui laisser une offrande, et à
lui présenter leurs hommages d'enfants dévoués et con-
fiants. Aussi, pour ne pas entraver cette dévotion, non
moins louable qu'admirable, a-t-il fallu mettre a Villenour un Prêtre qui y célébrât régulièrement la messe.

Après avoir montré en détail la foi, la confiance, la générosité et la pieuse émulation des chrétiens à l'égard de N. D. de Lourdes de Villenour, il est bien juste et non moins consolant de constater que les payens ont suivi l'entrainement général, et ne cessent de venir solliciter, à leur manière, l'intercession toute puissante de la Dame Immaculée. Beaucoup de ces gentils tiennent même à *voir la messe* (c'est leur expression),et s'ils ne restent pas tous et toujours, pendant le St. Sacrifice, avec le respect et la foi des croyants,au moins sont-ils attentifs, respectueux et même recueillis. Pour eux,N. D. de Lourdes est *la Dame qui rend la vue (kannou kodoukra Mâdâ)* et je ne sais vraiment ce qu'il faut le plus admirer ou leur confiance, ou leur courage. Quelques uns viennent de distances allant jusqu'à vingt milles, ceux surtout qui sont affectés de maladies d'yeux, pour demander quelques gouttes d'eau de la Grotte de Lourdes, et le Prêtre, chargé de N. D. de Villenour, a parfois fort à faire pour les contenter tous, en leur donnant un peu de cette eau miraculeuse.

Il est en effet incontestable que l'eau de Lourdes, ou, si l'on veut, l'intercession de la Ste. Vierge et l'emploi de cette eau qu'elle a fait sourdre dans la grotte de Lourdes, a opéré et opère dans toutes les parties du monde un grand nombre de faits surnaturels qui défient la critique la plus minutieuse. L'impiété a beau rire de ces miracles qui la gênent; on sait que c'est sa manière à elle de cacher son impuissance.

S'étonner que Dieu daigne opérer des guérisons par le moyen d'une eau quelconque, et nier en principe l'existence de semblables guérisons, c'est le fait du manque

de foi et d'une ignorance honteuse des choses de la religion. L'évangile en effet ne nous raconte-t-il pas que
Jésus-Christ, daignant guérir un aveugle-né, fit de la boue
avec sa salive, en oignit les yeux de l'aveugle et lui or-
donna de se laver dans la piscine de Siloë? Tous les jours,
Dieu n'accomplit-il pas les plus grands miracles de
guérisons spirituelles, au moyen d'éléments matériels
qui n'ont, par leur nature, aucune proportion avec de tels
effets. Ainsi dans le Baptême, la Confirmation, l'Extrême
Onction, l'eau et l'huile opèrent les plus grands miracles
qui puissent être faits en faveur de l'homme. L'incrédule
et l'impie peuvent donc seuls s'insurger contre ces don-
nées certaines de la foi.

Admettant le principe, voudra-t-on contester unique-
ment les effets prodigieux obtenues par l'emploi de l'eau
de Lourdes ? Evidemment on ne peut ajouter foi à
chacune des guérisons racontées par la multitude. Quelquefois les faits peuvent être inventés: d'autres fois ils
peuvent être vrais, mais n'avoir point le caractère miraculeux qu'on leur attribue. Dans le jugement de ces
sortes de choses, le devoir de l'homme sage est de n'af-
firmer, de ne nier aucun fait particulier, avant d'en
avoir étudié sans prévention, et avec la plus grande
attention, les motifs de crédibilité, selon les règles ordi-
naires de la prudence. Mais les principes les plus élé-
mentaires de la prudence permettent-ils de nier des faits
affirmés par des témoins sans nombre ayant tous les
caractères de la véracité la plus complète ? L'autorité
diocésaine du reste n'a-t-elle point confirmé la vérité et
le caractère de plusieurs de ces faits, après qu'une com-
mission d'hommes savants et intègres les eût vérifiés
avec la plus scrupuleuse exactitude ?

Ah ! si les guérisons miraculeuses racontées avec tant de précision par Henri Lasserre, sont si mal établies, comment personne, parmi les incrédules ou les esprits forts, n'a-t-il encore accepté le défi de Mr. Artus ? On sait que ce courageux chrétien a déposé chez un notaire de Paris, depuis 1872, une somme de 10,000 francs à gagner par quiconque prouvera péremptoirement qu'un seul des miracles relatés dans le volumineux ouvrage d'Henri Lasserre est un faux miracle. Jusqu'ici personne n'a entrepris cette tâche difficile, bien que Mr. Artus ait élevé à 20,000 et plus tard à 100,000 francs (en 1874), à l'occasion des bravades du *Progrès de l'Est*, le pari à gagner; bien que les journaux religieux rappellent fréquemment aux intéressés que cette somme fort ronde les attend toujours chez Me. Turquet, Notaire à Paris, rue de Hanovre, 6 .

Il est facile, sans doute, de rire de toutes ces merveilles; mais il est bien autrement ardu de prouver que les personnes radicalement guéries de maladies incurables, ne le sont qu'en imagination. Qu'ils nous expliquent donc, ces détracteurs du miracle, comment une eau toute naturelle, dans laquelle l'analyse la plus minutieuse n'a découvert aucune substance minérale et curative, guérit, parfois subitement, des malades abandonnés par les médecins, et qui ont mis toute leur confiance dans l'Immaculée de Lourdes.

Il est donc très certain que des guérisons miraculeuses ont été opérées par l'intercession de Notre-Dame de Lourdes et par le moyen de l'eau qu'elle a fait jaillir au lieu de son apparition. Sollicitons donc avec amour et confiance la *toute-puissante* intercession de la Vierge Immaculée. Implorons la, non seulement pour nous-mêmes, mais pour nos parents et nos amis, pour les pécheurs et les infidèles. Et puisque Marie ne désire rien tant que de voir son Fils connu et adoré de tous les hommes, adressons lui souvent cette demande:

> Mère de Dieu, fais que chacun l'adore,
> Et que Satan recule de terreur;
> Dirige nous, Etoile qu'on implore,
> Jusques au Ciel, où règne le Sauveur.

————:ooo:————

PRIÈRE A. N. D. de VILLENOUR.

O très-douce et très-Sainte Vierge, vous avez trouvé grâce auprès du Seigneur, et vous avez été préservée de la tache du péché originel; vous avez le trésor des grâces, afin que vous nous assistiez dans nos besoins. Vous ne cessez en effet de le faire; vous secourez les bons, en les affermissant dans la grâce; vous secourez les méchants, en les préparant à recevoir la divine miséricorde; vous délivrez les infidèles, en les attirant à la connaissance de l'Evangile; vous aidez les mourants, en les défendant contre les pièges du démon ; vous les aidez même après leur mort, en présentant leurs âmes à votre divin Fils.

En apparaissant dans la Grotte de Lourdes, vous avez voulu qu'elle devint un lieu privilégié, d'où vous répandriez vos faveurs; faites que ce sanctuaire de Villenour devienne également un refuge propice à toutes nos infirmités spirituelles et temporelles. Daignez, ô Immaculée-Conception, obtenir la conversion aux pécheurs, la persévérance aux justes, la consolation aux affligés, la force aux faibles, la foi aux idolâtres, et la santé aux malades. J'espère de votre bonté, ô tendre Mère, que vous daignerez m'accorder ces grâces, dont je vous bénirai pendant l'éternité.

Bénie soit la sainte et Immaculée Conception de la Bienheureuse Vierge Marie (100 jours d'indulgence).

Vierge Marie, vous avez été Immaculée dans votre Conception; priez pour nous le Père dont vous avez enfanté le Fils Jésus, conçu par l'opération du Saint-Esprit (100 jours d'indulgence).

CANTIQUE

A N-D. DE LOURDES DE VILLENOUR.

Refrain.

Vierge de Lourde, ô toi notre espérance,
Nous t'apportons un cœur brûlant d'amour;
Oui, nous venons, pour l'Église et la France,
Aux pieds de ton autel, t'implorer en ce jour.

1er *Couplet.*

Vierge de Lourde, ô notre délivrance,
Reçois nos chants, et nos transports d'amour;
Car, à tes pieds, cesse toute souffrance;
Le sourd entend; l'aveugle voit le jour.

2e. *Couplet.*

De Villenour ton nouveau sanctuaire
Témoigne à tous que ton bras est puissant:
Il est le vœu, qu'un père et qu'une mère
Firent un jour pour sauver leur enfant.

3e. *Couplet.*

Et, dès qu'ici, parut ta sainte image,
Ce cri d'amour s'échappa de tout cœur:
Oh ! qu'elle est belle ! en ses yeux quel présage
De meilleurs jours, et d'éternel bonheur ! !

4e. *Couplet.*

Tu nous disais: « Ma couronne étoilée
« Du Roi-Pontife est un présent d'amour;
« Il me proclame: Unique Immaculée...
« Pour vous je viens du céleste séjour.

5e. *Couplet.*

« L'Inde française aura mon sanctuaire,
« Pour vous guérir, et calmer vos douleurs;
« A Villenour, je serai votre mère,
« J'éclairerai, j'enflammerai les cœurs » .

6e. *Couplet.*

A ton appel, notre ville s'élance
Chacun s'empresse afin de t'honorer;
Chrétiens, Gentils, invoquent ta puissance;
Tous à l'envi viennent te vénérer.

7e. *Couplet.*

Vierge de Lourde, ô Dame glorieuse,
Viens réunir tes enfants divisés;
Dans tes liens, chaîne mystérieuse,
Enlace, unis les peuples dispersés.

8e. *Couplet.*

Que ton image, ô si douce Marie,
Soit un remède à toute infirmité !
Que tout mortel, dans ta grotte bénie,
Trouve la foi, l'espoir, la charité !

9e. *Couplet.*

Mère de Dieu, fais que chacun l'adore,
Et que Satan recule de terreur;
Dirige nous, Étoile qu'on implore,
Jusques au ciel, où règne le Sauveur.

LITANIES DE N. D. DE LOURDES.

Père céleste, qui êtes Dieu,
Fils éternel du Père, qui êtes Dieu,
Esprit-Saint, qui êtes Dieu,
Trinité Sainte, qui êtes un seul Dieu,

Ayez pitié de nous.

Marie Immaculée, qui nous avez donné le Divin Rédempteur,
Marie Immaculée, admirable instrument de la miséricorde céleste,
Marie Immaculée, qui avez apparu à Lourdes,
Marie Immaculée, qui avez choisi une grotte solitaire, pour nous apprendre l'éloignement du monde,
Marie Immaculée, qui étiez entourée d'une éblouissante lumière, pour nous révéler la gloire céleste,

Priez pour nous.

Marie Immaculée, qui étiez si ravissante de beauté, pour nous enseigner à aimer, par dessus tout, la beauté de l'âme,

Marie Immaculée, à la robe éclatante de blancheur, pour nous rappeler que nous devons garder nos âmes pures de tout péché,

Marie Immaculée, qui portiez une ceinture couleur d'azur, pour nous apprendre que la sainte pureté et toute vertu chrétienne réclament du ciel la force et le courage,

Marie Immaculée, qui vous montriez avec un long voile blanc, pour nous montrer que la modestie est la protection assurée de la vertu,

Marie Immaculée, qui teniez votre regard attaché au ciel, pour dire à vos enfants de ne pas perdre la pensée de l'éternité bien-heureuse,

Marie Immaculée, qui teniez le rosaire, pour nous recommander de le réciter pieusement, et d'en méditer souvent les mystères,

Marie Immaculée, dont les pieds nus reposaient sur le roc et les épines, pour nous encourager à marcher avec confiance dans cette vallée de larmes,

Marie Immaculée, qui avez apparu à une pauvre enfant, afin de manifester votre prédilection pour les petits et les derniers de ce monde,

Marie Immaculée, qui par elle avez fait couler la source, afin de montrer qu'avec vous nous pouvons faire des prodiges,

Marie Immaculée, qui nous avez donné en si grande abondance cette eau salutaire, pour exprimer l'étendue de votre puissance et la sollicitude de votre tendresse,

N. D. de Lourdes, qui convertissez les pécheurs,

N. D. de Lourdes, qui ranimez la ferveur des justes,

N. D. de Lourdes, qui ressuscitez les morts,

N. D. de Lourdes, qui rendez la vue aux aveugles,

N. D. de Lourdes, qui rendez l'ouïe aux sourds,

N. D. de Lourdes, qui rendez la parole aux muets,

N. D. de Lourdes, qui faites marcher les paralytiques,

N. D. de Lourdes, qui rendez la santé aux malades,

N. D. de Lourdes, qui consolez les affligés,

N. D. de Lourdes, secourable à tous les besoins,

N. D. de Lourdes, de jour en jour plus invoquée,

N. D. de Lourdes, qui attirez les flots continuels de pélerins,

Priez pour nous.

Pour notre sainte Mère l'Eglise,

Pour notre saint Père le Pape,

Pour notre chère et malheureuse Patrie,

Pour tous les maux qui nous menacent,

Pour tous nos parents,

Pour tous nos amis et ennemis,

Pour tous les hérétiques et infidèles,

Nous vous invoquons, Notre-Dame de Lourdes.

Priez pour nous, Notre-Dame de Lourdes.

Afin que nous soyons dignes d'être exaucés.

ORAISON

O Vierge Immaculée, notre Mère, qui avez daigné vous manifester à une obscure enfant, faites que nous vivions dans l'humilité et la simplicité des enfants de Dieu, afin d'avoir part à notre tour à vos célestes communications. Accordez-nous de savoir faire pénitence pour nos fautes passées; faites-nous vivre désormais dans un grand éloignement du péché; que nous devenions de plus en plus attachés aux vertus chrétiennes, afin que votre cœur reste ouvert sur nous et ne cesse de verser les grâces qui font vivre ici bas de l'amour divin et rendent de plus en plus dignes de la couronne éternelle. Ainsi soit-il.